Les prières originales ont été écrites par Karine-Marie Amiot, Christelle Javary, Paul Lesnick, André Mermet, Marie-Ange Richermo et Dominique-Alice Rouyer.
Conception et réalisation : Nelly Charraud
Visuels : Getty Images - PhotoDisc
Gravure : Penez Édition
Édition : A Cappella Création

N° d'édition : 05027
Dépôt légal : février 2005
ISBN : 2-7023-0519-9

Achevé d'imprimer en février 2005
sur les presses de Mateu Cromo en Espagne

Prier pour la paix et la réconciliation

Prières présentées par
François Banvillet, prêtre de l'Oratoire

Sommaire

Fenêtre sur la prière

Prier quelle idée ! Dieu n'entend pas… Écoute-t-il vraiment ? Et puis est-ce bien utile la prière ? C'est si dur de trouver les mots… Et je suis si maladroit… Pourtant j'ai tellement envie de hurler, de chanter mes joies, mes peines.

Abandonnez vos objections, laissez-vous aller à la prière. Elle est là toute prête en vous, osez ouvrir une brèche. La prière est attendue et elle est entendue. La prière c'est un cri, le cri de l'homme vers Dieu. Dieu écoute. Il recueille avec une infinie délicatesse ce qui jaillit du cœur de l'homme. Il garde notre prière dans la paume de son cœur, comme on attrape un passereau au vol ou comme on cueille un pétale de fleur. À la porte de nos vies, il guette un signe de nous, le moindre petit cri. On croit qu'on doit veiller et c'est lui le veilleur.

Tourner ces pages, l'une après l'autre, c'est comme faire céder peu à peu les gonds d'un volet et s'avancer à la fenêtre, ouvrir doucement la bouche et prendre une brassée d'air, de couleurs… C'est devenir prière. Joignons nos voix à celles d'ici, faisons chœur. Écoute ton cœur se soulever comme la pâte où chante le levain. Laisse la prière s'enfler comme un cri libérateur. Le silence unifie ton corps et ton esprit. Laisse-toi envahir par une présence. Des mots sortent de toi, ils cèdent la place à une joie paisible. À la fenêtre de ton cœur, tu te surprends à parler la langue de Dieu et à connaître les couleurs des saisons du cœur.

Prier pour la paix et la réconciliation

Chacun aspire à la paix ; dans le familles, dans les sociétés et entre le nations.

Nous voulons avoir la paix ! Mais l paix que nous donne Jésus ce n'est pas cett tranquillité qui confinerait à un repli sur so ou, pis, à une forme d'autisme nous isolan de nos frères.

Jésus nous fait le don de sa paix Ne prions-nous pas à la messe ainsi « Tu as dit à tes apôtres, je vous laisse l paix, je vous donne ma paix » ? Jésus n'a t-il pas affirmé aussi dans l'Évangile « Je ne donne pas la paix à la manière d monde » ?

Alors, de quelle paix s'agit-il ?

La paix n'est pas possible sans pardon, sans réconciliation, sans volonté d'unité. La paix véritable n'est possible que lorsque je vis des relations purifiées. L'Évangile m'engage à reconnaître que l'autre est un frère à aimer. Ce n'est pas un horizon inaccessible, un idéal hors de portée.

La paix est toujours le fruit d'un patient effort pour sortir de moi-même, pour aller à la rencontre de l'autre au-delà des difficultés qui paraissent des obstacles insurmontables.

La paix est une conquête, mais aussi une grâce à accueillir. En faire l'expérience pour soi-même est déjà une bénédiction.

Prier dans la paix intérieure

Je fais l'expérience souvent d'un malaise qui peut ronger l'âme jusqu'au plus profond de moi-même, comme si je ne m'aimais pas... Quel bonheur quand je commence à m'accepter tel que je suis, quand je commence à aimer en moi ce que Dieu aime.

Il y a comme une immense sérénité qui dilate le cœur et l'esprit quand on consent à être soi-même.

Le regard que Dieu pose sur moi est infiniment pacifiant. S'exposer à l'amour de Dieu, sans ombre ni trouble au visage, c'est si libérateur et cela donne une confiance insoupçonnée.

Dieu m'aime comme je suis

Seigneur, je suis toujours confondue d'étonnement
À la pensée que tu m'aimes,
Et surtout que tu m'aimes comme je suis !
Seigneur, tu m'aimes beaucoup mieux que moi-même
Qui me voudrais un peu plus comme ci
Ou un peu moins comme ça,
Qui me lamente sur mes manques
Et m'émerveille de mes qualités.
Seigneur, toi tu m'aimes comme je suis,
Je n'ai pas besoin de faire semblant.
Pas besoin de te cacher mes turpitudes
Ou de te vanter mes mérites !
Je peux jeter le masque
Et me présenter à toi sans risque et sans peur.
Seigneur, même quand je crois que personne ne m'aime,
Même quand la Terre entière me paraît hostile,
Je compte pour toi.
Et cette certitude, nul ne peut me l'enlever,
C'est toi qui me donnes
La paix du cœur.

Me voici

Seigneur, me voici.
Je sais que tu me regardes avec un amour infini,
Un amour infiniment miséricordieux.
Alors je me sens en confiance devant toi.
Devant toi, Seigneur, sous ton regard,
Je peux oser regarder ma vie et mon cœur
Dans une humble recherche de la vérité.
Seigneur, je me souviens de ta promesse :
« La vérité vous rendra libre » (Jn 8, 32).
Montre-moi, Seigneur, cette part de moi-même,
Obscure et blessée,
Qui a tant besoin d'accueillir ta miséricorde.
Alors je serai libre, libre pour te servir,
Toi, le Dieu de ma joie, le Dieu de mon espérance.

La vérité sur moi-même

Je viens vers toi, Seigneur,
Sans rien te cacher.
Je veux faire le point sur ma vie.
Que rien ne soit obscur
Ou non dit.
Je viens vers toi, Seigneur,
Et j'attends la lumière que tu me promets.

« La lumière que tu me promets »

Te parler

Seigneur, cela faisait longtemps que je ne te parlais plus.
Pour te dire quoi ?
Je ne suis pas un assassin,
Je n'ai pas volé,
Je n'ai pas menti,
Je ne suis pas adultère,
Je me dévoue pour ma famille et ceux qui m'entourent,
J'ai de bons amis.
Je n'ai pas beaucoup de défauts,
Juste un peu rancunière, un caractère emporté,
Rien de grave.
Tout va bien. Enfin presque…
Le bonheur ? La paix ?
Seigneur, il est temps de reprendre notre conversation
Là où j'ai commencé à enfouir une partie de mes sentiments.
Je sais qu'il n'y a pas de choses trop intimes pour te les avouer
Écoute-moi, Seigneur, je dois te parler…

Mon secret

Seigneur, j'ai mal à ma vie...
Je me sens moche, nul et minable.
Il y a un tel écart entre ce que j'ai rêvé et désiré
Et la réalité de ma vie, de ma pauvre vie !
Mais, Seigneur, ce soir je veux déposer tout cela,
Devant toi, à tes pieds.
L'amertume, la honte, le dégoût, parfois la jalousie,
Tout cela, Seigneur, je te l'abandonne
Pour que tu m'en délivres, pour que tu m'en purifies.
Le secret de ma vie, toi seul le connais.
Je n'ai pas le droit de me juger moi-même
Puisque c'est toi qui es mon juge.
Accorde-moi, Seigneur, la grâce
D'être enfin en paix avec moi-même,
De me pardonner à moi-même,
D'être doux et patient envers moi-même.

Ta présence

Que vienne sur moi la paix !
Je suis assiégé par les tentations,
Tiraillé par mes erreurs passées, mes doutes aujourd'hui :
Où es-tu, Seigneur ?
Je ne fais pas aussi bien que je voudrais,
Je fais du mal que je ne souhaite pourtant pas.
Et toi, mon Dieu, c'est vrai,
Tu n'as pas toujours toute ta place en mon cœur.
Qu'il est difficile d'être pacifié
Quand je me sens si loin de toi, Seigneur.
Viens à nouveau me combler de ta présence
Et je serai en paix.

« Où es-tu, Seigneur ? »

Confiance

Seigneur, je voudrais bien lui pardonner,
Oublier, retrouver la légèreté
D'un sourire sans arrière-pensée,
D'une main tendue sans retenue.
Seigneur, j'aimerais me libérer de cette rancune,
Mais elle est là, plus forte que moi,
Au fond de moi ;
Elle me mine, comme un poison,
Elle me paralyse, elle fait taire mon pardon
Au bord de mes lèvres.
Il n'y a que toi, Seigneur,
Qui peut me faire faire ce pas,
Il n'y a que toi, Seigneur,
Qui peux me souffler ce mot,
Il n'y a que toi, Seigneur,
Qui peux me porter
Au-delà de ma faiblesse,
De mon incapacité à pardonner.
Je suis en chemin, Seigneur,
Je voudrais, mais je ne sais pas.
Conduis-moi,
Je sais qu'avec toi je franchirai le pas.

Humour

Seigneur, ce soir je veux te dire ma joie.
Cette soirée avec ma cousine s'annonçait tellement mal.
Je craignais ses remarques acerbes, ses critiques,
Ses mots si blessants
Qui me laissent parfois démunie, blessée...
Et voilà qu'à nouveau elle recommence...
Je ne sais pas, Seigneur, ce qui m'a pris,
Mais j'ai considéré ça ce soir avec humour.
Oui ! je me suis même un peu moquée de moi
Et... ça l'a désarmée !
L'atmosphère tout à coup était plus légère, plus gaie.
Peut-être suis-je aussi, de manière générale, trop susceptible...
Allons, Seigneur, de l'humour,
Voilà ce qu'il me faut :
Une pleine mesure, débordante,
Et ton Esprit me procurera
L'Amour, la joie, la paix, la patience, la bonté, la bienveillance...
Tout cela vient de toi, Seigneur ! Alléluia !

Joie

Seigneur, tu nous as dit
Que les anges du ciel se réjouissent
Quand un pécheur se convertit et qu'il accueille ton pardon.
Seigneur, je ne suis pas un ange
Et pourtant tu m'as offert de goûter à la joie
Du pardon reçu et donné,
Du pardon qui renouvelle et qui libère,
Qui offre un nouveau départ,
Qui crée du neuf, qui crée du beau !
Seigneur, je te rends grâce
Pour les ailes qui ont poussé dans mon cœur,
Fais-moi voler vers ton pardon.

« La joie du pardon
reçu et donné »

Pour un prêtre

Seigneur, je te prie pour le prêtre
Qui va m'accueillir et me pardonner en ton nom.
Quelle mission magnifique d'être le messager
De ta miséricorde !
Mais quelle responsabilité aussi !
Il est un humain, comme moi.
Il est un pécheur, comme moi.
Seigneur, donne-lui ton Esprit Saint
Pour qu'il me dise des paroles sages et bienfaisantes
Qui m'aideront à progresser sur le chemin de ta grâce.
Et je te remercie, Seigneur, pour nos prêtres.

Louange

Béni sois-tu, Seigneur !
Béni sois le Dieu trois fois saint !
Mon péché m'entravait, et toi tu me relèves.
Mes fautes, les voilà au fin fond de l'océan !
Gloire et louange au Dieu de ma joie !
Avec toi, Seigneur, tout redevient possible.
Je marchais sur un chemin de mort
Et tu me rends la vie.
Tu m'appelles ton enfant bien-aimé,
Tu me revêts d'un manteau royal,
Tu m'assieds à la table du festin.
C'est la fête dans le ciel, c'est la fête dans l'Église
Et c'est la fête dans mon cœur, alléluia !

Prier pour la paix et la réconciliation

Le premier cercle, celui des proches, celui de ceux que l'on n'a pas forcément choisis, c'est le premier lieu où se construit la paix. Oui, c'est là que Dieu m'attend d'abord. Il me faut accepter de recevoir l'autre comme un don que Dieu me fait.

On dit : « Oh ! celui-là, ce n'est pas un cadeau ! » Et si c'en était un ?

L'autre, mon frère, mon père, ma sœur, je le reçois comme une occasion de charité… Auprès des miens, je peux devenir chaque jour davantage témoin de la sollicitude, de la patience du Père des tendresses.

en famille

Broutilles et chamailleries

C'est étonnant, Seigneur,
Comme on peut se disputer pour des broutilles
Même quand on s'aime
Et qu'on veut s'aimer pour la vie !
Pour le dentifrice mal rebouché
Ou le journal mal replié,
Pour les chaussettes sous le lit,
Ou pour la note de téléphone,
On a vite fait d'installer entre nous
Le poison des chamailleries.
Seigneur, tu sais bien qu'il faut du temps
Pour apprendre l'alphabet de la vie commune,
Mais il nous faut ton aide aussi
Pour prendre du recul,
Pour savoir ce qui compte
Et ce qui ne vaut pas la peine
De se gâcher la vie.
Apprends-nous, Seigneur, à sourire
De ce qui nous déplaît ou nous agace
Et rappelle-nous toujours à la fin
Notre désir de nous aimer.

Agacements

Grrr… j'enrage.
Il me tape sur les nerfs.
Avis de tempête dans notre couple,
Pourrait-on dire !
Donne-moi, Seigneur, la force d'être patiente, compréhensive.
Donne-moi, Seigneur, la grâce d'abandonner mon bon droit
Et de me soucier de ses attentes un peu plus que des miennes...
Même si ce soir, Seigneur, j'ai plutôt envie de bouder…

PRIÈRE
d'époux pour faire le premier pas après une dispute

Porte claquée

Mon Dieu... ce soir j'ai claqué la porte !
Je suis partie et... je le regrette.
J'ai marché, un peu pleuré, et maintenant
Je ne sais plus quoi faire.
Mon Dieu,
Donne-moi un cœur humble
Pour revenir
Et m'excuser.
Les mots ont dépassé ma pensée,
Ma colère était disproportionnée.
Voilà, c'est ce que je vais lui dire...
Mon Dieu... Comme c'est difficile !

« Donne-moi
un cœur humble »

Bénédiction

Seigneur, nous te louons, nous te bénissons.
Tu es le Dieu fidèle qui nous aime tendrement
Et qui nous soutient.
Si ce soir nous nous sommes mis en colère,
Notre dispute a révélé que nous ne nous parlions pas assez.
Que de malentendus et de non-dits
Avions-nous involontairement entretenus !
Oui, notre amour vient de toi,
Tu nous fortifies, tu nous envoies ton Esprit.
Nous te louons, nous te bénissons, Seigneur.

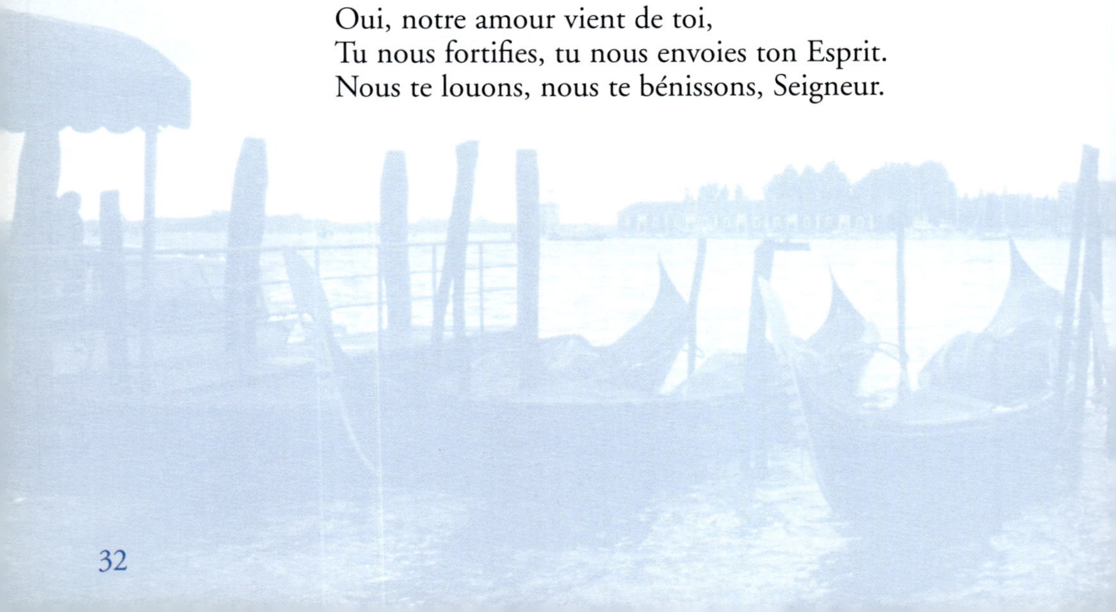

Paix

Seigneur, tu nous as donné la force de nous pardonner !
Tu règnes en nos cœurs.
Notre foyer est ton foyer.
Que l'Amour, la Justice, la Charité et le Pardon
Habitent toujours cette maison.
Paix ! tous les jours de nos vies,
Avec toi.
Ainsi soit-il.

Incertitude

« Ô Dieu, sors de ton silence,
Dieu, ne reste pas inerte et muet. »
Vois comme je suis désemparée.
Jusqu'où faut-il pardonner ?
Quelle décision prendre ?
Je n'envisage pas le divorce
Ou trop bien…
Et ce n'est pas ce que je veux.
Aide-nous.
Donne-nous la grâce de pouvoir nous parler en vérité.
Donne-nous ta grâce pour reconstruire à nouveau.
Et si cela se révèle impossible,
Alors je m'en remettrai encore à toi, Seigneur.
Tu es mon Dieu, mon Sauveur.

« Donne-nous ta grâce,
Seigneur »

Prière
pour une possible réconciliation dans un couple en difficulté

Une nouvelle Alliance

Seigneur, est-ce que c'est fou d'espérer ?
Espérer que tu puisses changer leurs cœurs,
Et les ramener l'un vers l'autre,
Seigneur, est-ce que c'est fou d'espérer ?
Espérer que tu puisses sauver leur couple,
Et ressusciter leur amour ?

Je ne te demande pas l'oubli, je te demande le pardon ;
Je ne te demande pas qu'ils restent ensemble par devoir,
Par convenance ou pour les enfants.

Je te demande qu'ils te choisissent à nouveau l'un l'autre.
Je te demande pour eux, et avec toi, une nouvelle Alliance.

Puisqu'ils ont vu de si près leur fragilité, fortifie-les.
Puisqu'ils ont touché du doigt leurs blessures, guéris-les.
Et puisque leur amour n'est peut-être pas mort, fais-le mûrir.

Prière
pour être artisan de paix dans un couple en difficulté

Avec toi, Seigneur

Seigneur,
Garde ma langue des paroles venimeuses,
Des jugements hâtifs, des questions indiscrètes,
Des soupçons malveillants, de l'ironie blessante,
De l'intrusion déplacée ;

Seigneur, aide-moi à ne pas envenimer la situation,
Même involontairement, même en croyant bien faire,
Seigneur, aide-moi à ne pas prendre parti
Quand je ne suis pas concerné.

Avec toi, Seigneur, je veux choisir d'être artisan de paix
Pour respecter les personnes et les choix qui leur reviennent,
Pour offrir un terrain neutre et une écoute bienveillante.
Seigneur, que ton Esprit Saint m'éclaire et me guide.

Ma belle-mère

Lui pardonner alors qu'elle m'a tant blessée ?
Encore une fois… Je ne sais pas…
J'ai fait tant d'efforts…

En fait-elle pour moi ?
A-t-elle appris à me connaître et à m'aimer ?

Lui pardonner ? Oui, avec toi, Seigneur,
Je veux bien essayer…
Pour la paix de notre famille,
Par amour pour mon mari.

Je prends une enveloppe, une carte,
Un timbre et un stylo…
Seigneur, aide-moi à écrire ces quelques lignes :
« Pardon pour ce malentendu… »

« *Lui pardonner* »

Ma belle-fille

Seigneur, fais-moi descendre du piédestal du haut duquel,
Belle-mère matriarcale, je règne,
Tonnante et triomphante dans la sûreté de mon jugement.
Apprends-moi l'humilité et ouvre mes yeux
Sur mes erreurs, mes froideurs, mes raideurs.

Seigneur, fais taire en moi la compétence et l'expérience
Pour laisser place à la bienveillance.
Seigneur, pousse-moi à accueillir avec bonté
Celle que mon fils aime
Même si elle m'a fait souffrir.
Seigneur, guéris mon cœur mal résigné des déceptions.
Fais fleurir sur mes lèvres le sourire de ta tendresse.

Fatigue

Ouf ! Ils sont couchés, Seigneur,
Aujourd'hui ils ont bien failli nous faire oublier
Combien nous sommes heureux d'être parents !
C'est vrai que c'est un bonheur, Seigneur,
D'avoir des enfants aussi vivants,
C'est vrai, Seigneur, qu'ils débordent d'imagination
Et de créativité… pour inventer des bêtises,
Justement celles que nous, pauvres esprits sans imagination,
Nous n'aurions même pas cru possibles !
C'est vrai, Seigneur, qu'ils ne manquent pas non plus d'énergie
Pour défendre leurs trésors… ou dérober ceux des autres !
C'est vrai, Seigneur, qu'on les voudrait quelquefois
Un peu plus calmes, un peu plus conciliants,
Un peu plus… conformes à nos rêves !
Mais sûr qu'on s'ennuierait, Seigneur,
Ou qu'on s'inquiéterait,
Et qu'on les rêverait… turbulents et bagarreurs !
Alors merci, Seigneur, de nous avoir donné ces enfants
Pleins de vie et d'énergie
Et merci aussi d'avoir fait la nuit
Pour qu'ils dorment… et nous aussi !

Les leçons de la vie

Mon Dieu, je te remercie de m'avoir aidé
À dédramatiser les petits conflits
qui se jouent dans la cour de l'école.
Pour un enfant ce n'est pas facile de comprendre
Qu'il n'y a rien d'impardonnable,
Rien d'irrémédiable,
Et que l'amitié peut reprendre son cours, belle, joyeuse,
Même après une grosse dispute
Et un coup de poing dans l'œil...
Savoir donner son pardon, c'est important.
Savoir demander pardon est peut-être plus difficile encore...
Mon Dieu, je te confie mon bonhomme
Qui apprend avec plaies et bosses
Les leçons de la vie en société...

« Je te confie mon enfant »

La gifle

Seigneur, la fin de soirée fut rude avec mon grand ado...
Elle est partie, cette gifle,
Il l'avait bien méritée !
Excédée, j'étais excédée.
Je n'avais plus de mots.
Mes nerfs à fleur de peau ont pris le dessus.
Je m'en veux, je n'aurais pas dû.
Donne-moi, Seigneur, un peu plus de patience...
Donne-nous aussi maintenant la force
De passer outre cet incident.
Bénis, Seigneur, notre famille.

Adolescence

Seigneur, je ne sais pas ce qui m'a pris,
Comment j'ai pu dire une chose pareille,
Dire à mes parents que je les déteste,
Que je préférerais les voir morts, Seigneur !
Je sais bien qu'ils ne m'ont pas crue,
Pas tout à fait, Seigneur,
Mais j'ai vu dans le regard chaviré de ma mère
Que c'était trop, que j'étais allée trop loin.

Il faut que je leur demande de me pardonner, Seigneur,
Mais je ne sais pas comment j'aurai le courage,
C'est trop énorme ce que j'ai dit,
J'ai dépassé les bornes !
Seigneur, toi qui as pardonné
À des gens qui t'insultaient,
Toi qui n'avais rien fait, que du bien,
Tu peux m'aider, s'il te plaît,
À trouver la force, à trouver les mots,
À faire le geste qu'il faut…
Je suis sûre que les parents feront le reste
Et me pardonneront.

Pardon papa

J'ai désobéi.
J'ai fait de la peine à papa…
Oui vraiment Seigneur, je le regrette.
Papa et moi,
On ne peut pas rester fâchés, comme ça,
Mais j'ai peur de faire le premier pas.
Seigneur, toi qui peux tout,
Je voudrais que ce soit toi qui dises à papa :
« Je te demande pardon. Je t'en prie, peux-tu me pardonner ?
Mais je sais que c'est à moi de faire le premier pas.
Je vais y aller,
Je vais me jeter dans ses bras.
Mais tu viendras avec moi, dis ?

« Faire le premier pas »

Pour papa et maman

Mon Dieu, écoute-moi,
Je te prie pour papa et maman.
Ils se disputent si souvent !
Et encore maintenant.
Je t'en prie,
Qu'ils fassent la paix
Et que tout redevienne normal,
Comme avant.
Mon Dieu, je veux même croire
Qu'avec ton aide,
Ils s'aimeront encore plus fort
Et que nous serons une famille unie.

Héritage

Seigneur, on s'est battus,
Battus comme des chiffonniers,
On s'est jeté à la figure
Des mots qu'on n'aurait pas prononcés
Devant nos parents,
Alors que la douleur de leur départ
Était encore vivante pour nous, leurs enfants !
Seigneur, c'est si difficile de se respecter,
De tenir compte des désirs des autres
Sans renoncer aux siens,
De défendre son bon droit sans violence ni agressivité.
Seigneur, je voudrais que ce partage d'héritage
Qui s'est fait si mal,
Qui nous a fait si mal,
Ne laisse pas des rancœurs et des rancunes insurmontables.
Seigneur, aide-nous à retrouver la paix
Malgré les blessures et les regrets,
À oublier ces objets qui nous ont échappé,
À nous réjouir chacun de ceux que nous avons reçus.
Seigneur, donne-nous ton pardon
Pour que nous puissions nous pardonner.

Procès familial

Seigneur, il a fallu qu'on en vienne là,
Devant la justice,
Parce qu'on ne pouvait pas
Régler notre conflit en famille.
Trop de rancunes, trop de violence,
Trop de non-dits et trop de douleur secrète,
Tu as vu, Seigneur, notre impuissance,
Nos désirs d'en découdre,
De se battre, de gagner,
D'écraser l'autre.
Tu connais, Seigneur,
La haine et l'esprit de vengeance
Qui nous ont habités.
Pourtant, il faudra bien, Seigneur,
Que cela cesse.
Quand la justice aura tranché entre nous,
Il restera à faire la paix, à retisser les liens brisés,
À retrouver des chemins de parole
Et des regards d'indulgence.
Seigneur, ravive nos capacités à pardonner.
Seigneur, redonne-nous ta paix.

« Retrouver des regards d'indulgence »

Prière

pour le bonheur en famille

Dans ma maison

Pour le bonheur dans ma maison, Jésus, je te prie :
Accorde-moi d'être en paix, en mon âme,
Dans toutes mes actions et mes décisions.

Pour le bonheur avec mon époux, Marie, prie pour nous :
Accorde-nous la grâce de l'écoute, de la persévérance
Et du pardon.

Pour le bonheur de mes enfants, Joseph, prie pour nous :
Accorde-nous la grâce de nous aimer
Tous ensemble d'un amour fidèle et tendre.

Pour le bonheur de tous ceux que tu placeras sur notre route,
Saints et saintes de Dieu,
Accordez-nous la grâce de la bienveillance, de la charité
Et de l'amitié.

PRIÈRE
d'action de grâce pour la paix lors d'une réunion familiale

Merci

Merci, Seigneur, pour le bonheur
Que tu nous donnes en famille.
Merci, Seigneur, pour mon épouse
Qui est dans notre maison
Comme une vigne généreuse.
Merci, Seigneur, pour nos enfants
Vigoureux comme de jeunes plants d'olivier.
Les voilà de nouveau réunis autour de la table
Et nous partageons, Seigneur,
La joie et le pain que tu nous donnes.
Merci, Seigneur, pour la grande famille
Des disciples du Christ.
Bénis-la, fais-la grandir dans la paix
Et rassemble un jour tous les hommes
Dans ton royaume d'amour et de lumière.

Bénédicité

Seigneur, bénis ce pain, fruit de notre labeur.
Donne aux hommes du monde la confiance de qui sème,
La joie de qui moissonne
Et la paix de qui peut nourrir sa famille.

Seigneur, bénis ce vin, fruit de notre patience.
Apprends-nous à compter les années qui passent,
Comme un mûrissement, sans peur,
Confiants et espérants.

Seigneur, bénis-nous, nous qui prenons ce repas,
Que nous y trouvions la force, le goût du partage,
Et que cette table et nos paroles soient fraternelles.

Permets que le pain que nous partageons nous donne
De la vigueur pour travailler dans ce monde,
Aide-nous à en faire une terre où nul n'aura plus faim.

Et permets que, toujours,
Le pauvre trouve la porte ouverte chez nous,
Une place à notre table.
Apprends-nous à l'accueillir
Comme le frère que tu veux nous donner aujourd'hui.

« Une place à notre table »

Prier pour la paix et la réconciliation

Au travail, les relations sont souvent frelatées, polluées par l'esprit de compétition ou la jalousie. On ne se livre pas, on s'installe souvent dans la défiance… On se protège, on craint de montrer qu'on est vulnérable. La critique, la médisance sont si faciles ; on se laisse aller. On considère son droit, c'est l'autre qui a tort, on lui prête des sentiments supposés.

Et pourtant… oser la rencontre sans préjugé, risquer une parole sans ambages, se laisser étonner par l'autre, quelle grâce infinie, quelle source de paix !

dans le monde du travail

Que ta volonté soit faite

Ô Seigneur Dieu, écoute-moi et accorde-moi la paix.
Répands ton amour dans nos cœurs
Afin d'apaiser les tensions, les conflits
Entre les personnes, entre les services.
Que nous soyons ferment de paix et non de division.
Rends-nous respectueux de la dignité de chacun
Sans chercher à le dominer, à le tromper, à l'exploiter.
Dirige nos actions et nos décisions,
Qu'elles soient justes et honnêtes.
Donne-nous ta force et ta grâce
De résister aux tentations… de corruption…
De concupiscence… d'abus de pouvoir…
De détournement de biens ou de fonds.
Qu'à chaque instant de notre vie
Tu sois là,
Pour qu'à chaque instant
Ta volonté soit faite.

Honnêteté

Seigneur, tu nous as dit :
« Que votre oui soit oui, que votre non soit non. »
Seigneur, fais de moi une personne de parole,
Digne de confiance et qui ne triche pas,
Une personne qui fait ce qu'elle dit et dit ce qu'elle fait.
Seigneur, aide-moi à être vrai,
Sans langue de bois, sans faux-fuyant, sans pieux mensonges
Et sans mensonges tout court !
Seigneur, apprends-moi à oser dire en face
Ce qui doit être dit de cette manière,
Sans brutalité inutile, dans le respect de mon interlocuteur.
Seigneur, aide-moi à fermer la porte de mon bureau
Aux ragots, aux rumeurs, aux bruits de couloir,
À toute parole anonyme et sournoise.
Seigneur, fais grandir en nos cœurs
L'amour de la vérité et de la justice.

Compétition

Compétition, concurrence, rentabilité, performance,
Seigneur, tu ne nous as pas appris ces mots-là,
Toi qui parlais de paix et de bonne volonté,
Toi qui voulais qu'on donne le même salaire
Aux ouvriers de la onzième heure
Et à ceux de la première !
C'est pourtant là aussi, Seigneur, où je travaille,
Que tu me demandes de porter ta paix
Alors qu'il faut y défendre ma place,
Y être le meilleur,
Ou, du moins, très bien considéré !
Seigneur, garde-moi d'entrer dans ce jeu
Et de croire qu'il faut écraser
Pour éviter de l'être.
Aide-moi à rester sourd à l'envie,
À la vanité des réussites
Et à la mortification des échecs.
Seigneur, dans cet univers de conflits et de combats,
Que ta paix ne me quitte pas !

« Que ta paix
ne me quitte pas ! »

Hiérarchie

Seigneur, tu le sais, c'est difficile au bureau en ce moment.
C'est difficile à cause de lui,
Lui qui est si fier d'être le chef,
De montrer que c'est lui qui décide,
Qui impose et qui contrôle,
Lui qui signe les feuilles de vacances
Comme si c'était une faveur qu'il nous faisait…
Il a ses favoris, ses courtisans, ses têtes de Turcs.
Il essaie de nous monter les uns contre les autres
Pour préserver son pouvoir, son pauvre petit pouvoir.
Comment être artisan de paix dans ces conditions ?
Comment vivre en chrétien, travailler en chrétien ?
Seigneur, j'ai vraiment besoin de ton aide.
Donne-moi le discernement, l'intelligence,
Le courage et la prudence.

Concurrence

Seigneur, il y en a qui savent mieux,
Qui trouvent mieux,
Qui réussissent mieux
Ou qui plaisent mieux ;
Seigneur, il y en a qui savent déjouer les pièges,
Se glisser dans la fente des opportunités,
Se faire apprécier ;
Seigneur, il y en a qui savent se battre, se surpasser,
Progresser, se valoriser ;
Seigneur, il y a aussi ceux qui baissent les bras,
Qui ne sauront jamais, qui ne veulent pas
Ou qui sont maladroits.
Mais Seigneur, tu n'en oublies aucun :
Ni les vainqueurs, ni les vaincus,
Ni les stars, ni les petites mains,
Ils sont de toi et tu les appelles
À la paix : ils sont tes frères.

PRIÈRE

de pardon dans un contexte difficile

Ressentiment

Seigneur, je dépose devant toi
Les incompétences et les incompréhensions,
Les agressivités et les malveillances,
Les humiliations et les trahisons,
Toutes les blessures
D'une journée de travail,
Qui me laissent douloureux et meurtri,
Agressif et révolté.
Seigneur, arrache de mon cœur
Cette violence.
Garde-moi de la médisance,
Préserve-moi du ressentiment
Ruminé en silence.
Seigneur, rappelle-moi seulement
Que tous ceux
Dont j'ai eu à souffrir
Sont aussi tes enfants !
Fais entrer en moi la douceur
De ton regard d'amour
Sur ceux qui m'entourent,
Viens, Seigneur de paix,
Et donne-moi la grâce
De pardonner.

« Arrache de mon cœur
la violence »

Prière
après un licenciement

Repartir

Seigneur, j'en suis encore assommé.
Je n'ai pas vu le coup venir,
Je croyais naïvement, stupidement
Que cela n'arrivait qu'aux autres.
Et voilà que cela me tombe dessus :
Viré.
Je me débats, je ne comprends pas,
Mais il n'y rien à comprendre.
Seigneur, j'ai d'abord besoin de digérer,
De faire mon deuil de cette entreprise,
De ce travail auquel j'ai consacré tant de temps.
Seigneur, sois à mes côtés,
Reste avec moi dans cette épreuve,
Rends-moi fort pour me battre,
Défendre mes intérêts,
Chercher un autre poste.
D'avance, Seigneur, je te rends grâce
Pour toutes les personnes qui me soutiendront,
Mon épouse, mes enfants, mes amis.
Béni sois-tu, Seigneur, car à leurs yeux
Je suis une personne et pas un salarié.

Merci, Seigneur

Seigneur, je te rends grâce pour toutes les personnes
Qui font de leur vie professionnelle une occasion de servir
Et de faire grandir la paix dans notre monde.
Je te rends grâce pour ceux et celles qui exercent
Leurs responsabilités dans le souci du bien commun.
Je te rends grâce pour ceux et celles qui dirigent une équipe
En étant attentifs aux talents de chacun.
Je te rends grâce pour ceux et celles dont la porte
Est toujours ouverte
Et qui savent écouter en toute discrétion.
Je te rends grâce pour ceux et celles
Qui sont toujours prêts à aider un collègue en difficulté.
Je te rends grâce pour ceux et celles
Qui pensent aux anniversaires
Et qui demandent des nouvelles des enfants.
Je te rends grâce pour ceux et celles
Qui préparent le café et font circuler gâteaux et chocolats
Pour remonter le moral quand c'est nécessaire !
Merci, Seigneur, pour l'entraide, la solidarité,
La joie de réussir ensemble, la joie de progresser.
Merci pour la fierté d'être utile, d'avoir sa place,
Merci pour l'argent gagné dignement.
Bénis, Seigneur, notre travail.

Prier pour la paix et la réconciliation

Les déchirures entre les peuples, ne les vivons pas comme une fatalité.

Certes, ce n'est pas de notre responsabilité et pourtant, nous le croyons, la paix est un don de Dieu. Prier pour la paix est plus efficace qu'on ne l'imagine ! Que ton règne vienne !

L'Esprit peut agir mystérieusement, invisiblement, pour transformer les cœurs. Je peux m'offrir, je peux remettre au Père tout-puissant dans ma prière les auteurs ou les victimes de violences de par le monde. Sa grâce peut transfigurer les cœurs.

entre les peuples

Dieu, Père de tous les hommes

Ô Dieu, Père de tous les hommes
Tu nous demandes de porter
L'Amour où les pauvres sont humiliés,
La joie là où l'Église est abattue,
La réconciliation là où les hommes sont divisés.

Aide-nous à réconcilier
Le père avec son fils,
La mère avec sa fille,
Le mari avec sa femme,
Le croyant avec celui qui ne peut croire,
Le chrétien avec son frère chrétien
Qu'il n'aime pas.

Tu nous ouvres ce chemin
Pour que le corps blessé de Jésus-Christ,
Ton Église, soit ferment de la communion
Pour les pauvres de la Terre
Et dans toutes les familles humaines.

Prière de Mère Teresa

Pour un monde meilleur

Ô Christ,
Toi qui es notre maître et Seigneur,
Tu t'es fait le serviteur de tous,
Nous te prions pour nos chefs d'État.
Donne-leur l'esprit de service,
Pour qu'ils cherchent humblement le bien des peuples.
L'esprit de discernement,
Pour qu'ils prennent les bonnes décisions.
L'esprit de sagesse,
Pour qu'ils tempèrent les tendances à la violence et à la haine.
L'esprit de justice,
Pour qu'ils fassent régner l'équité dans les nations.
Et l'esprit d'équipe,
Pour qu'ils sachent se concerter les uns les autres
Et travailler ensemble pour construire un monde meilleur !

Entends ma voix, Seigneur

Entends ma voix, Seigneur,
Car c'est celle des victimes de toutes les guerres
Et de toutes les violences entre les individus et les peuples.
Entends ma voix,
Car c'est celle de tous les enfants qui souffrent
Et qui souffriront tant que les gens mettront leur confiance
Dans les armes et dans la guerre...
Entends ma voix,
Quand je te prie d'insuffler dans le cœur de tous les hommes,
La sagesse de la paix, la force de la justice
Et la joie de l'amitié...
Entends ma voix,
Car je te parle pour les multitudes qui,
Dans tous les pays et en tous les temps,
Ne veulent pas la guerre
Et sont prêtes à parcourir la route de la paix....
Entends ma voix,
Et donne-nous la force de savoir répondre
Toujours à la haine par l'amour,
À l'injustice par un total engagement pour la justice,
À la misère par le partage...
Entends ma voix, ô Dieu,
Et accorde au monde ta paix éternelle. Amen.

Prière pour la paix de Jean-Paul I

« La sagesse de la paix »

L'instrument de ta paix

Seigneur, fais de moi un instrument de ta paix !
Là où il y a la haine, que je mette l'amour ;
Là où il y a l'offense, que je mette le pardon ;
Là où il y a le doute, que je mette la foi ;
Là où il y a le désespoir, que je mette la confiance ;
Là où il y a la tristesse, que je mette la joie ;
Là où il y a l'obscurité, que je mette la lumière ;

Ô Maître divin, que je ne cherche pas tant
D'être consolé que de consoler,
D'être compris que de comprendre,
D'être aimé que d'aimer.
Car c'est en me donnant que je recevrai ;
C'est en pardonnant que je serai pardonné ;
C'est en mourant que je naîtrai à la vie éternelle.

Prière de saint François d'Assise

Ton Esprit

Seigneur je te rends grâce
Car ton Esprit est toujours à l'œuvre dans ce monde.
Ton Esprit nous apprend à vivre en frères.
Ton Esprit met dans bien des cœurs
Le désir de servir et d'aimer.
Ton Esprit inspire des ouvriers pour un monde nouveau.
Ton Esprit suscite des artisans de paix.
Ton Esprit envoie des ambassadeurs de réconciliation.
Ton Esprit réveille des prophètes d'espérance.
Ton Esprit fortifie ceux qui ont faim et soif de justice.
Ton Esprit affermit ceux qui prennent en main leur destin.
Ouvre nos yeux, Seigneur,
Sur ce travail d'enfantement, douloureux mais fécond,
Et donne-nous d'y participer chacun à notre place
Car tu embauches sans cesse,
Ô Maître de cette magnifique moisson.

Prier en communion d'espérance

Nous le croyons, ni le mal ni la mort n'auront le dernier mot, ils ont été vaincus par le Christ. Jésus a donné sa vie pour semer l'amour dans le cœur des hommes.

Chaque fois qu'un effort de paix, de réconciliation s'esquisse c'est son règne qui se lève.

À travers le monde, par-dessus toutes les frontières s'élèvent, en un concert immense et silencieux, une multitude de prières de paix et de réconciliation.

Ce chant est infiniment puissant, il unifie invisiblement les cœurs, il conduit vers l'unité parfaite.

Prière
pour une réconciliation avec un défunt

Au ciel

Seigneur, rien n'est impossible pour toi,
Alors je viens te prier pour une réconciliation impossible.
C'est impossible aux yeux des hommes
Car celui avec qui j'ai tant besoin de faire la paix
N'est plus sur cette Terre, tu le sais, Seigneur.
J'aurais tant voulu, au dernier moment…
Mais il est parti brutalement, me laissant porter seul
Notre commun fardeau de rancune, de rancœur et de colère,
Et ce fardeau m'écrase, et je n'en peux plus.
Alors, Seigneur, je crie vers toi.
Entends mon désir de réconciliation
Et exauce-le par-delà la mort.
Car la mort n'est rien devant toi, ô Maître de la vie.

Dieu, notre Père

Dieu, notre Père, nous te rendons grâce
Et nous te bénissons par Jésus, Christ et Seigneur,
Pour ton œuvre d'amour en ce monde.
Au sein de notre humanité encore désunie et déchirée,
Nous savons et nous proclamons que tu ne cesses d'agir
Et que tu es à l'origine de tout effort vers la paix.
Ton Esprit travaille au cœur des hommes :
Et les ennemis enfin se parlent,
Les adversaires se tendent la main,
Des peuples qui s'opposaient acceptent de faire ensemble
Une partie du chemin.
Oui, c'est à toi, Seigneur, que nous le devons,
Si le désir de s'entendre l'emporte sur la guerre,
Si la soif de vengeance fait place au pardon,
Et si l'amour triomphe de la haine.

Deuxième prière eucharistique pour la réconciliation

Délivre-nous, Seigneur

Délivre-nous de tout mal, Seigneur,
Et donne la paix à notre temps,
Par ta miséricorde, libère-nous du péché,
Rassure-nous devant les épreuves de cette vie
Où nous espérons le bonheur que tu promets
Et l'avènement de Jésus-Christ notre Sauveur.

Missel Romain

« Le bonheur
que tu promets »

Paix

Seigneur Jésus-Christ, tu as dit à tes apôtres :
« Je vous laisse la paix, je vous donne ma paix. »,
Ne regarde pas nos péchés, mais la foi de ton Église,
Pour que ta volonté s'accomplisse,
Donne-lui toujours cette paix
Et conduis-la vers l'unité parfaite,
Toi qui règnes pour les siècles des siècles.

Missel romain

Tes fils

Dieu qui a révélé au monde
Que les artisans de paix seront appelés tes fils,
Aide-nous à rechercher toujours cette justice
Qui seule peut garantir aux hommes
Une paix solide et véritable.

Toi qui aimes tous les hommes, Seigneur,
Et qui les as créés pour qu'ils soient heureux,
Apprends-leur à vivre ensemble dans la paix
Et à se traiter vraiment comme des frères.

Dieu qui donnes la paix,
Toi qui es la paix en personne,
Tu n'habites pas où se trouve la haine,
Tu ne te plais pas où règne la discorde :
À ceux qui vivent en paix,
Donne de se tenir en cette grâce ;
À ceux qui ne s'entendent pas,
Donne d'échapper à ce mal.

Missel Romain

Extrait de la Messe
pour des dirigeants

Pouvoirs

Prions pour les chefs d'État
Et tous les responsables des affaires publiques :
Que le Seigneur notre Dieu
Dirige leur esprit et leur cœur selon sa volonté
Pour la paix et la liberté de tous.
Dieu éternel et tout-puissant,
Toi qui tiens en ta main le cœur des hommes
Et garantis les droits des peuples,
Viens en aide à ceux qui exercent un pouvoir :
Que, partout sur la Terre, s'affermissent avec ta grâce
La sécurité et la paix,
La prospérité des nations
Et la liberté religieuse.

Missel romain – Prière universelle du vendredi saint

« Que s'affermissent,
Seigneur,
la paix et la sécurité »

Vivre en Paix

Dieu fort qui détestes la guerre,
Dieu juste qui démasques tout mensonge,
Attaque-toi, autour de nous et en nous-mêmes,
Aux forces orgueilleuses du mal
Qui engendrent les atrocités et les souffrances,
Et nous pourrons ensemble faire honneur
À notre nom de fils de Dieu.

Dieu, de qui vient toute paix,
Dieu, qui aime la paix,
Te connaître, c'est vivre,
Et te servir, c'est régner ;
Défends contre toute menace
Ceux qui te supplient :
Et puisque nous mettons notre confiance en toi,
Fais que nous n'ayons plus rien à redouter.

Missel Romain

Aimer

Dieu de miséricorde infinie,
Tu veux que nous aimions
Ceux qui nous font souffrir ;
Apprends-nous à garder ton commandement nouveau
En rendant toujours le bien pour le mal,
En aidant les autres à porter leur croix.

Dans ce sacrement qui nous réconcilie avec toi,
Fais de nous, Seigneur, tes artisans de paix,
Et de tous ceux qui nous font du tort,
Des hommes réconciliés avec toi et avec nous.

Missel Romain

Extrait de la Messe
pour le développement des peuples

Ta Création

Seigneur, tu as voulu que tous les peuples
Soient les membres solidaires d'une même humanité
Et se développent chacun selon sa grâce ;
Remplis de ton amour le cœur de tes enfants,
Afin qu'ils se passionnent pour le sort de leurs frères :
Et puisque tu as confié la Terre aux hommes
Pour qu'elle serve à l'épanouissement de tous,
Que chaque peuple ait les moyens de travailler à sa croissance,
Dans le respect des autres et la justice.

Réponds, seigneur, à l'offrande de ton Église
Et aux appels de ta Création en travail ;
Donne à tous les hommes l'Esprit des fils de Dieu
Pour s'attaquer ensemble à toute forme d'injustice :
Que chaque homme ait sa place en ce monde
Et que tous les hommes vivent dans la paix.

Missel Romair

« Que la Terre serve
à l'épanouissement
de tous »

EXTRAIT DE LA MESSE
pour la réconciliation

Notre joie

Dieu, le Père de toute bonté,
Vous a réconciliés avec lui par le Christ :
Qu'il vous prodigue sa bénédiction,
Qu'il vous établisse dans la foi, l'espérance et l'amour.

Vous suivrez le Christ en toute confiance :
Qu'il ouvre vos cœurs à l'amour de tous,
Ainsi vous recevrez la grâce de Dieu en ce temps de salut
Et vous deviendrez vous-mêmes des foyers de lumière
Pour vos frères.

Le Christ est l'artisan de notre réconciliation :
Qu'il établisse votre vie et vos actions dans sa paix,
Qu'il remplisse vos cœurs de sa joie,
Et vous conduise à la vie bienheureuse de l'éternité.

Missel Romain

Béatitudes

Jésus enseignait en disant :

« Heureux les pauvres en esprit,
Car le Royaume des Cieux est à eux.
Heureux les affligés,
Car ils seront consolés.
Heureux les doux,
Car ils posséderont la terre.
Heureux les affamés et assoiffés de la justice,
Car ils seront rassasiés.
Heureux les miséricordieux,
Car ils obtiendront miséricorde.
Heureux les cœurs purs,
Car ils verront Dieu.
Heureux les artisans de paix,
Car ils seront appelés fils de Dieu.
Heureux les persécutés pour la justice,
Car le Royaume des Cieux est à eux. »

Évangile selon saint Matthieu 5, 3-10

Compassion

« Montrez-vous compatissants,
Comme votre Père est compatissant.
Ne jugez pas, et vous ne serez pas jugés ;
Ne condamnez pas, et vous ne serez pas condamnés ;
Remettez, et il vous sera remis.
Donnez, et l'on vous donnera ;
C'est une bonne mesure, tassée, secouée, débordante,
Qu'on versera dans votre sein ;
Car de la mesure dont vous mesurez
On mesurera pour vous en retour. »

Évangile selon saint Luc 6,36-38

« Vous ne serez pas jugés »

Sagesse

« Il ne faut pas, mes frères, que de la même bouche sortent la bénédiction et la malédiction. La source fait-elle jaillir par la même ouverture le doux et l'amer ? Un figuier, mes frères, peut-il donner des olives, ou une vigne des figues ? L'eau de mer ne peut pas non plus donner de l'eau douce. Est-il quelqu'un de sage et d'expérimenté parmi vous ? Qu'il fasse voir par une bonne conduite des actes empreints de douceur et de sagesse. Si vous avez au cœur, au contraire, une amère jalousie et un esprit de chicane, ne vous vantez pas, ne mentez pas contre la vérité.
Pareille sagesse ne descend pas d'en haut : elle est terrestre, animale, démoniaque. Car, où il y a jalousie et chicane, il y a désordre et toutes sortes de mauvaises actions.
Tandis que la sagesse d'en haut est tout d'abord pure, puis pacifique, indulgente, bienveillante, pleine de pitié et de bons fruits, sans partialité, sans hypocrisie. Un fruit de justice est semé dans la paix pour ceux qui produisent la paix. »

Épître de saint Jacques 3,10-18

Unité

« Je vous encourage à suivre fidèlement
L'appel que vous avez reçu de Dieu :
Ayez beaucoup d'humilité, de douceur et de patience,
Supportez-vous les uns les autres avec amour ;
Ayez à cœur de garder l'unité dans l'Esprit
Par le lien de la paix.
Comme votre vocation vous a tous appelés
À une seule espérance,
De même il n'y a qu'un seul Corps et un seul Esprit.
Il n'y a qu'un seul Seigneur, une seule foi,
Un seul baptême, un seul Dieu et Père de tous,
Qui règne au-dessus de tous, par tous, et en tous. »

Épître aux Éphésiens 4, 1-6